AF000873

¿POR QUÉ LA NAVIDAD?

Nicky Gumbel

La edición navideña de *¿Por qué Jesús?*

Título original: *Why Christmas?*
© 1991, 1997 Nicky Gumbel

Traducido en español © 2005 por Alpha Américas, 2275 Half Day Road, Suite 185, Deerfield, IL 60015 EE.UU.

¿Por qué la Navidad? de Nicky Gumbel

Todos los derechos reservados en todo el mundo. Ninguna parte de esta publicación puede ser duplicada o transmitida en forma alguna o por medio alguno, electrónico o mecánico, incluidas fotocopias, grabaciones o cualquier otro sistema de almacenamiento de información, sin el permiso por escrito de Alpha Américas 2275 Half Day Road, Suite 185, Deerfield, IL 60015 EE.UU.

Esta edición es publicada por acuerdo especial con Alpha International, Holy Trinity Brompton, Brompton Road, London SW7 1JA, UK

Textos bíblicos tomados de LA SANTA BIBLIA, NUEVA VERSIÓN INTERNACIONAL® NVI®. Derechos de autor © 1999, Sociedad Bíblica Internacional®. Usado con el permiso de la Sociedad Bíblica Internacional®. Todos los derechos reservados.

Edición 2014, traducción corregida, actualizada y adaptada por Arnaldo Fernández-Arias y revisada por José Alberto Barrera Marchessi.

Ilustraciones de Charlie Mackesy

978-1-938328-64-0

1 2 3 4 5 6 7 8 9 10 / 17 16 15 14

¿Por qué celebrar la Navidad?

Hay algo casi mágico en la Navidad: los niños sueñan con Santa Claus y su trineo de fantasía, imaginamos árboles de Navidad, escenas nevadas, calcetines colgados de colores, montones de regalos, y la familia sonriente alrededor de la chimenea.

A menudo la realidad no es tan perfecta como la imaginamos. Algunos exageran en Navidad. El aglutinamiento de la gente en las calles y tiendas puede llevar a lo que algunos han llamado «Santaclaustrofobia» (de Santa Claus – San Nicolás).

El exceso se deja sentir en la vida familiar. Un chico de nueve años escribió: «Sé que la Navidad debería ser un tiempo religioso, pero para mí la Navidad es un tiempo para las necesidades básicas como la comida, los regalos y la bebida». Otro chico escribió: «Después de desayunar vamos al salón. Papá entra borracho con las medias de mamá y un sombrero con plumas». Su profesor escribió al margen: «¡Vaya padrazo!».

Para algunos existe el peligro de gastar demasiado y compran regalos que otros no necesitan con dinero que no tienen.

Una niña escribió a su abuelita: «Muchas gracias por los guantes que me

enviaste para Navidad. Era algo que quería, pero no demasiado."

Otros pueden volverse demasiado exigentes. Un padre ingenuo le preguntó a su hijita con suficiente antelación qué le gustaría para Navidad. Con timidez, le dijo que querría un hermanito. Ante la sorpresa y deleite de muchos su madre volvió del hospital el día de Nochebuena con un bebé en sus brazos. Cuando el padre repitió la pregunta al año siguiente, hubo menos titubeo: «Si no fuera demasiado incómodo para mamá, ¡querría un poni!».

Pero mientras algunos se pasan, otros no llegan. Para muchos, la Navidad es uno de los peores tiempos del año. El índice de suicidios sube, más gente muere de «causas naturales», más matrimonios se rompen, más pacientes de psiquiatras sufren regresiones, y surgen más enemistades familiares.

Según la encuesta británica «Mori», hay tres millones de discusiones familiares cada Navidad. Un artículo periodístico titulado «Suficiente para volverte loco» hablaba de gente que perdía la cabeza como resultado de la presión de hacer las Navidades perfectas. El artículo detallaba que dos psicólogos, un fisioterapeuta y un asesor estaban haciendo un taller titulado «Estrés en la familia: cómo gestionar la Navidad». Según ellos, parte del éxito del taller se debió a la oportunidad que este ofrecía de poder escapar de la Navidad. El psiquiatra Anthony Store, en un artículo acerca de la depresión en Navidad titulado «Anímate, pasará pronto», da su consejo final: «Recuerda que la Navidad, aunque se repite, no dura para siempre».

Con toda la magia, el estrés y la «subida» en Navidad, ¿no estamos perdiendo lo esencial? ¿Qué hay en el centro de la Navidad? En palabras de C.S. Lewis, en Navidad recordamos el «acontecimiento central de la historia del mundo, precisamente a lo que la misma historia se refiere».

¿POR QUÉ DEBEMOS INTERESARNOS EN JESÚS?

Cuando Jesús nació, un grupo de filósofos muy inteligentes pensó que valía la pena interesarse en él. Dejaron todo para traerle tres regalos simbólicos. El primero era oro, un regalo para un rey. El niño en el pesebre era el Rey de reyes y Señor de señores. Dios mismo había venido a vivir como parte de nuestro mundo.

A menudo, Jesús ha sido eclipsado por la Navidad. Un hombre escribió al periódico inglés *The Times*: «Señores, no habiendo podido encontrar ningún libro religioso en la tienda, pedí a una dependienta que me ayudara. Me mostró una modesta selección de Biblias y libros de oración, diciendo: "Hemos tenido que moverlos a la estantería de abajo por causa de la Navidad"».

Pero la esencia de la Navidad es Jesucristo. En

Navidad celebramos el cumpleaños de la Persona más importante que jamás vivió. Él es la pieza central de nuestra civilización. Después de todo, llamamos a lo que fue antes de su cumpleaños «a. C.» y a lo que ocurrió después «d. C.».

Pero, ¿cómo sabemos que es verdad?

Podemos comprobar la veracidad de la pretensión cristiana, porque es una fe basada en el acontecimiento histórico de la vida, muerte y resurrección de Jesucristo. Nuestra fe se apoya en sólidas pruebas históricas.

¿Quén es Jesús?

Jesús fue y es el Hijo de Dios. Algunas personas creen que él fue únicamente un buen maestro religioso. Pero esta percepción no concuerda con las pruebas históricas acerca de Jesús.

Sus declaraciones

Jesús declaró que él era el Hijo único de Dios, poniéndose al mismo nivel que Dios, al asumir la autoridad para perdonar los pecados. Asimismo, declaró que algún día juzgaría al mundo, y que en ese momento, lo más importante sería la respuesta que le hayamos dado a él en esta vida.

El escritor inglés C.S. Lewis señaló: Un hombre que

fuera simplemente un hombre y que dijera las cosas que dijo Jesús no podría ser un gran maestro moral, sino que se trataría de un lunático, o del «mismísimo demonio». «Hay que escoger. O bien Jesús era, y es el Hijo de Dios, o bien era un loco o algo mucho peor. Pero no salgamos ahora con insensateces paternalistas acerca de que fue un gran maestro moral. Él no nos dejó abierta esa posibilidad, no quiso hacerlo».

Su carácter

Muchas personas que no se consideran cristianas, ven a Jesús como el mejor ejemplo de una vida entregada. El escritor ruso Fiódor Dostoyevski, que era cristiano, dijo: «Creo que no hay persona más perfecta, con más amor, más profundidad y más comprensión que Jesús. Me digo a mí mismo, inflamado de un celoso amor, que no sólo no hay nadie como él, sino que nunca podrá existir alguien como él».

En cuanto a sus enseñanzas, hay una opinión unánime que dice que las enseñanzas de Jesús son las más puras y excelentes que jamás hayan brotado de los labios de un hombre.

Para C.S. Lewis, estaba claro que Jesús no podía haber sido ni un lunático ni un malvado, por lo que concluye: «Por extraño, terrible o improbable que pueda parecer, tengo que aceptar la idea de que él era y es Dios».

Su victoria sobre la muerte

Las pruebas existentes acerca de la resurrección física de Jesús, son, de hecho, de mucho peso. Cuando los discípulos llegaron a la tumba, se encontraron con que las prendas mortuorias estaban en el suelo y que el cuerpo de Jesús había desaparecido.

Durante las seis semanas siguientes, Jesús fue visto por más de 550 personas en once ocasiones diferentes. Las vidas de los discípulos fueron transformadas, y la iglesia cristiana nació y creció a un ritmo extraordinario. Lord Darling, antiguo Presidente del Tribunal Supremo de Inglaterra, dijo lo siguiente acerca de la Resurrección: «Para demostrar que es la viva verdad, existen a su favor una cantidad tan desbordante de pruebas, tanto positivas como negativas, factuales como circunstanciales, que ningún jurado sensato en el mundo dejaría de concluir que el relato de la Resurrección es verdadero». La única explicación satisfactoria de estos hechos es que Jesús realmente resucitó de entre los muertos, confirmando así que realmente era y es, el Hijo de Dios.

Los reyes magos tenían razón. Nada menor que el oro sería adecuado para tal niño.

¿POR QUÉ **LO NECESITAMOS?**

Incluso aunque Jesús fuera quien decía que era, ¿por qué lo necesitamos 2.000 años más tarde? El segundo regalo que trajeron los reyes magos fue incienso, que era usado en el templo como símbolo de la oración, y apuntaba hacia la relación con Dios.

¡Las relaciones interpersonales son emocionantes! Son la parte más importante de nuestra vida, bien se trate de nuestra relación con nuestros padres, con nuestra pareja, con nuestros hijos, nietos, amigos, etc.

El cristianismo trata, en primer lugar y antes que nada, de relaciones más que de normas y reglas. Se trata de una Persona más que de una filosofía. Se trata de la relación más importante de todas: nuestra relación con el Dios que nos creó. Jesús dijo que el mandamiento primero y más grande es amar a Dios. El segundo es amar al prójimo. Por lo tanto, el cristianismo tiene que ver también con nuestras relaciones interpersonales.

Tú y yo fuimos creados para vivir en una relación con Dios. Hasta que no establezcamos esa relación, siempre sentiremos que nos falta algo. Como consecuencia, a menudo somos conscientes de un vacío interior.

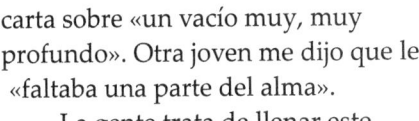

Un cantante de rock lo describió diciendo: «Tengo un vacío en lo profundo de mi ser». Una madre de familia me habló en una carta sobre «un vacío muy, muy profundo». Otra joven me dijo que le «faltaba una parte del alma».

La gente trata de llenar este vacío de distintas maneras. Algunos tratan de llenarlo con dinero, el cual nunca les satisface. Aristóteles Onassis, uno de los hombres más ricos del mundo, dijo al final de su vida que «tener millones no añade nada a lo que un hombre necesita en la vida».

Otros tratan de llenar este vacío con drogas, alcohol o relaciones sexuales promiscuas. Una joven dijo lo siguiente: «Estas cosas te dan una satisfacción temporal, pero después te dejan con un sentimiento de vacío». Hay otros que intentan llenar este vacío con trabajo excesivo, con la música, el deporte o el éxito. Puede que no haya nada malo en estas cosas en sí mismas, pero el problema es que no logran satisfacer esa hambre espiritual que existe dentro de cada ser humano.

Hasta las relaciones humanas más íntimas, por muy buenas que sean, no pueden , por sí mismas, satisfacer ese «vacío en lo más hondo del ser». No hay nada ni nadie que pueda llenarlo. Lo único que puede llenar ese vacío es la relación con Dios para la cual fuimos creados.

Según el Nuevo Testamento, la razón de este vacío es que los hombres y las mujeres han dado su espalda a Dios. Jesús proclamó: «Yo soy el pan de vida» (Juan 6,35). Él es el único que puede satisfacer nuestra hambre más profunda, pues él es el único que puede restaurar nuestra relación con Dios.

Él satisface nuestra hambre de sentido y de significado de la vida

Siempre hay un punto en el que todo el mundo se hace preguntas como: «Por qué estoy en este mundo?», «¿por qué vivimos?», «¿tiene algún sentido la vida?». Como el filósofo y escritor Albert Camus dijo en una ocasión: «El hombre no puede vivir sin un significado».

Hasta que no vivamos en una relación con Dios, nunca encontraremos el verdadero significado y el sentido de la vida. Otras cosas pueden proporcionar una satisfacción pasajera, que no perdura en el tiempo. Únicamente a través de una relación con nuestro Creador encontramos el verdadero sentido y significado de nuestra vida.

Él satisface nuestra hambre de vida después de la muerte

Antes de hacerme cristiano, no me gustaba pensar en la muerte. Mi propia muerte me parecía algo distante en el futuro; no sabía lo que sucedería entonces y no quería pensar en ello. Francamente, no estaba afrontando la realidad. La realidad de la vida es que todos vamos a morir algún día. Aun así, la Biblia dice en Eclesiastés 3,11: «Dios [...] puso en la mente humana el sentido del tiempo». La gran mayoría de las personas no quieren morir. Todos deseamos sobrevivir después de la muerte. Únicamente en Jesucristo encontramos la vida eterna, ya que nuestra relación con Dios, la cual comienza en el ahora, sobrevive a la muerte y perdura en la eternidad.

Él satisface nuestra hambre de ser perdonados

Si somos sinceros con nosotros mismos, tenemos que admitir que todos hemos hecho cosas que están mal. A veces hacemos cosas de las que estamos profundamente avergonzados. Es más, hay un egoísmo en nuestra vida que, de alguna manera, lo estropea todo. Jesús dijo: «Lo que sale de la persona es lo que la contamina. Porque de dentro, del corazón humano, salen los malos pensamientos, la inmoralidad sexual, los robos, los homicidios, los adulterios, la avaricia, la maldad, el engaño, el libertinaje, la envidia, la calumnia, la arrogancia y la necedad. Todos estos males vienen de adentro y contaminan a la persona» (Marcos 7,20-23).

Lo que más necesitamos es ser perdonados. Así como una persona que tiene cáncer necesita un médico, sea consciente o no de su enfermedad, también nosotros necesitamos ser perdonados, seamos conscientes o no de nuestra necesidad. Sucede lo mismo que en el caso de una enfermedad como el cáncer: la persona que reconoce su necesidad está en mejor posición que la persona que está adormecida por un falso sentido de seguridad.

Por medio de su muerte en la cruz, Jesús abrió el camino para que fuéramos perdonados y restaurados en nuestra relación con Dios. En Navidad recordamos el hecho de que Jesús entró en nuestro mundo para restaurar las relaciones, primeramente con Dios y después entre los hombres. De esta manera, él dio respuesta a nuestra necesidad más pofunda.

¿POR QUÉ **VINO AL MUNDO?**

¿Por qué vino? ¿Cómo consiguió la restauración de nuestra relación con Dios? El tercer regalo que trajeron los reyes magos nos da la respuesta. La mirra se usaba para embalsamar a los cadáveres.

Jesús es el único hombre que ha escogido nacer, y es uno de los pocos que han escogido morir. Jesús dijo que la razón por la cual vino a este mundo fue para morir por nosotros. «Porque ni aun el Hijo del hombre vino para que le sirvan, sino para servir y para dar su vida en rescate por muchos» (Marcos 10,45). La razón principal por la que se dan regalos en Navidad es para que recordemos el regalo que él nos dio: el más caro y valioso jamás ofrecido.

Según lo que sabemos, la crucifixión era una de las torturas más crueles en la historia de la humanidad. Cicerón, el estadista romano del siglo I, la describió como «la más cruel y horripilante de las torturas». Es muy probable que Jesús fuera azotado con un látigo de varias cuerdas de cuero incrustadas con pedazos de hueso y metal. Según Eusebio, historiador del siglo III: «Las venas del castigado quedaban al desnudo, y sus entrañas, músculos y tendones expuestos». Luego, Jesús fue obligado a cargar con un madero de dos metros de longitud hasta que se desplomó. Cuando llegó al lugar de la ejecución, sus manos y sus pies fueron clavados a la cruz con clavos de quince centímetros de longitud, quedando colgado de la cruz durante horas de dolor insoportable.

Pero el Nuevo Testamento nos deja ver claramente que para Jesús hubo algo peor que el dolor físico y emocional: la agonía espiritual de haber sido separado de Dios mientras cargaba con todos nuestros pecados.

¿Por qué murió?

Jesús dijo que murió por nosotros. La palabra «por» significa «en vez de». Lo hizo porque nos ama y porque no quiso que pagáramos la pena que merecemos como consecuencia de todo el mal que hemos hecho. En la cruz, Jesús llevó a la práctica lo que nos estaba diciendo: «Cargaré sobre mí todas esas maldades».

Jesús lo hizo por ti y por mí. Si tú o yo fuéramos la única persona sobre la faz de la tierra, él lo habría hecho igualmente. El apóstol Pablo escribió acerca del «Hijo de Dios, quien me amó y dio su vida por mí» (Gálatas 2,20). Fue por amor a nosotros que Jesús entregó su vida como rescate.

La palabra «rescate» tiene su origen en el mercado de esclavos. Una persona de buen corazón podía comprar un esclavo para darle la libertad, pero primero tenía que pagar el «rescate». Jesús pagó, con su sangre derramada en la cruz, el precio del rescate para darnos la libertad.

¿De qué nos hace libres?

Libertad de la culpa

Ya sintamos culpabilidad o no, todos somos culpables ante Dios debido a las muchas ocasiones en que hemos infringido sus preceptos con pensamientos, palabras o acciones. Del mismo modo que hay una pena para las personas que cometen un crimen, también hay una pena por quebrantar las leyes espirituales de Dios. «Porque la paga del pecado es muerte» (Romanos 6,23). La consecuencia de nuestras malas acciones es la muerte espiritual: ser separados de Dios para siempre. Todos hemos merecido pagar esta pena. Jesús asumió nuestra condena mediante su muerte en la cruz, para que pudiéramos ser perdonados completamente y ser liberados de nuestra culpa.

Libres de la adicción

Las cosas que hacemos mal son como una adicción. Jesús dijo: «Ciertamente les aseguro que todo el que peca es esclavo del pecado» (Juan 8,34). Jesús murió para liberarnos de esa esclavitud. El poder de esta adicción al pecado fue destruido en la cruz. Aunque fallamos de vez en cuando, el poder de esta adicción es destruido cuando Jesús nos libera. Es por esta razón que Jesús dijo: «Si el Hijo los libera, serán ustedes verdaderamente libres» (Juan 8,36).

Libres del temor

Jesús vino para «anular mediante la muerte, al que tiene el dominio de muerte, es decir al diablo, y librar a todos los que por temor a la muerte estaban sometidos a esclavitud durante toda la vida» (Hebreos 2,14-15). En otras palabras, ya no tenemos que temer a la muerte.

La muerte no es el fin de aquellos a quienes Jesús ha hecho libres. Al contrario, es la puerta de acceso al cielo, donde seremos liberados incluso de la presencia del pecado. Cuando Jesús nos libró del temor a la muerte, también nos libró de todos los demás temores.

¿Pare qué nos hace libres?

Jesús ya no está físicamente en la tierra, pero no nos ha dejado solos. Nos ha enviado su Espíritu Santo para estar con nosotros. Cuando su Espíritu Santo viene a morar dentro de nosotros, nos da una nueva libertad.

Libres para conocer a Dios

Las cosas que hacemos mal crean una barrera entre nosotros y Dios. «Son las iniquidades de ustedes las que los separan de su Dios» (Isaías 59,2). Al morir en la cruz, Jesús eliminó la barrera que existía entre nosotros y Dios. Como resultado, él ha hecho posible que nos podamos relacionar con nuestro Creador convirtiéndonos en sus hijos e hijas. El Espíritu Santo nos confirma en esta relación y nos ayuda a conocer mejor a Dios. Nos ayuda a orar y a entender mejor la Palabra de Dios, la Biblia.

Libres para amar

«Nosotros amamos a Dios porque él nos amó primero» (1 Juan 4,19). Al mirar a la cruz, entendemos el amor de Dios por nosotros. Cuando el Espíritu de Dios viene a vivir dentro de nosotros, experimentamos ese amor y recibimos un nuevo amor hacia Dios y hacia aquellos que nos rodean. Somos liberados para vivir una vida de amor; una vida centrada en el amor y el servicio a Jesús y a los demás, en vez de una vida centrada en nosotros mismos.

Libres para cambiar

A veces la gente dice: «Soy como soy. No puedo cambiar». La buena noticia es que con la ayuda del Espíritu Santo, sí podemos cambiar. El Espíritu Santo nos da la libertad para vivir el tipo de vida que en lo profundo de nuestro ser siempre hemos anhelado vivir. El apóstol Pablo nos enseña que el fruto del Espíritu es «amor, alegría, paz, paciencia,

amabilidad, bondad, fidelidad, humildad y dominio propio» (Gálatas 5,22). Cuando le pedimos al Espíritu de Dios que venga a vivir dentro de nosotros, estas características maravillosas comienzan a dar fruto en nuestra vida.

¿POR QUÉ **NO?**

Así que Dios nos ofrece el perdón y la libertad en Cristo Jesús, y su Espíritu Santo para que viva en nosotros. Todo esto es un obsequio de Dios. Cuando alguien nos ofrece un regalo, tenemos dos opciones. Podemos aceptarlo, abrirlo y disfrutarlo, o podemos rechazar el regalo y decir: «No, gracias». Lamentablemente, muchas personas ponen excusas para no aceptar el regalo que Dios ofrece.

Veamos algunas de estas excusas:

a) «No tengo necesidad de Dios»

Cuando la gente dice esto, normalmente quieren decir que están perfectamente felices sin Dios. Lo que no entienden es que nuestra mayor necesidad no es «la felicidad» sino «el perdón». Sólo una persona muy orgullosa puede decir que no tiene necesidad de perdón.

Todos necesitamos ser perdonados. Sin el perdón, tenemos un gran problema, ya que Dios no sólo es nuestro Padre amoroso, sino que también es un juez justo. O bien aceptamos lo que Jesús hizo en la cruz por nosotros, o bien algún día tendremos que pagar la justa pena por las cosas que hemos hecho mal.

b) «Hay demasiadas cosas que tendría que dejar»

A veces Dios señala algo en nuestra vida que sabemos que está mal y a lo que tendríamos que renunciar si queremos relacionarnos con Dios a través de Jesucristo.

Pero debemos recordar lo siguiente:
- Dios nos ama. Solamente nos pide que renunciemos a las cosas que nos causan daño. Si encontrara a mis hijos jugando con un cuchillo, les diría que dejaran de hacerlo de inmediato, no porque no quiero que se diviertan, sino porque no quiero que se hagan daño.
- Aquello a lo que renunciamos no es nada comparado con lo que obtenemos. El precio de no ser cristiano es mucho mayor que el precio que hay que pagar por serlo.
- Nuestras renuncias no son nada comparadas con lo que Jesús dio por nosotros cuando murió en la cruz.

c) «Debe haber trampa»

A veces a la gente le cuesta creer que haya cosas en la vida que sean gratis. Piensan que eso suena demasiado fácil, por lo que debe haber algún tipo de trampa o engaño. No se dan cuenta de que lo que es gratis para nosotros, no fue gratis para Jesús, quien pagó un alto precio con su propia sangre. Es fácil para nosotros, pero no fue fácil para él.

d) «No soy una persona suficientemente buena»

Ninguno de nosotros tenemos el nivel de bondad necesario, ni jamás llegaremos a ser lo suficientemente buenos para Dios. Por eso precisamente vino Jesús al mundo. Él hizo posible que Dios nos acepte tal como somos, independientemente de lo que hayamos hecho o del caos en que hayamos metido nuestra vida.

e) «Nunca podría perseverar»

Tenemos razón al pensar que por nosotros mismos, perseverar es imposible. Pero el Espíritu de Dios, que viene a morar dentro de nosotros, nos proporciona el poder y la fuerza para perseverar como cristianos.

f) «Lo haré más tarde»

Esta es tal vez la excusa más común. A veces la gente dice: «Sé que todo esto es verdad, pero todavía no estoy listo». Cuanto más aplacemos la decisión, más difícil será tomarla y más cosas nos perderemos. Nunca podemos saber si tendremos otra oportunidad. En lo que a mí respecta, lo único que lamento es no haber aceptado el regalo antes.

¿QUÉ DEBEMOS HACER?

El Nuevo Testamento nos deja ver claramente que tenemos que hacer algo para aceptar el don de Dios. Ese algo es un acto de fe. Juan evangelista escribe: «Porque tanto amó Dios al mundo, que dio a su Hijo unigénito, para que todo el que cree en él no se pierda, sino que tenga vida eterna» (Juan 3,16). Creer en Dios requiere un acto de fe, basado en todo lo que sabemos acerca de Jesús. No se trata de una fe a ciegas sino de depositar nuestra confianza en una Persona. En cierta manera, es algo parecido al paso de fe que dan los novios cuando dicen «Sí, quiero» el día de su boda.

La manera como la gente da este paso de fe puede ser muy diferente, pero quiero explicar una forma en la que puedes dar este paso de fe en este momento. Se puede resumir en tres palabras muy sencillas:

a) «Perdón»

Debes pedirle perdón a Dios por todo el mal que has hecho, y renunciar a todo aquello que sabes que está mal en tu vida. Eso es lo que la Biblia quiere decir con la palabra «arrepentimiento».

b) «Gracias»

Significa creer que Jesús murió en la cruz por ti. Tienes que darle las gracias por morir por ti y por darte gratuitamente el perdón, la libertad y su Espíritu.

c) «Por favor»

Dios nunca entra a la fuerza en nuestra vida. Tienes que aceptar su don e invitarlo a venir y vivir dentro de ti por medio de su Espíritu.

Si deseas relacionarte con Dios y estás preparado para decir estas tres cosas, he aquí una oración muy sencilla que puedes hacer para dar comienzo a esta relación:

> *Señor Jesucristo,*
>
> *Te pido perdón por las cosas que he hecho mal en mi vida. (Toma unos momentos para pedir perdón por pecados particulares que estén pesando en tu conciencia). Por favor perdóname. Ahora me arrepiento y dejo atrás todo aquello que sé que está mal.*
>
> *Gracias por morir en la cruz por mí para que yo pudiera recibir el perdón y la libertad.*
>
> *Gracias porque me ofreces ahora tu perdón y el don de tu Espíritu Santo. Recibo, ahora, ese don.*
>
> *Te pido que entres en mi vida, por medio del Espíritu Santo, para que me acompañe siempre.*
>
> *Gracias, Señor Jesús. Amén.*

¿Y AHORA QUÉ?

1. Díselo a alguien

Es importante que se lo comuniques a alguien. A menudo, las decisiones sólo se hacen realidad cuando las compartimos con alguien. Quizá sea mejor comenzar por alguien a quien creas que le va a agradar tu decisión.

2. Lee la Biblia

Una vez que hemos recibido a Jesús y depositado nuestra confianza en él, nos convertimos en hijos de Dios (Juan 1,12). Dios es nuestro Padre celestial, y como cualquier padre, quiere que tengamos una relación cercana con él. Esta relación crece a medida que escuchamos su voz (primordialmente por medio de la lectura de la Biblia) y a medida que hablamos con él por medio de la oración.

La Biblia es la Palabra de Dios, y te ayudará el comenzar a leer diariamente algunos versículos del Evangelio de Juan (el cuarto libro del Nuevo Testamento). Pídele a Dios que te hable a medida que lees su Palabra.

3. Habla con Dios

Comienza a hablar con Dios todos los días en oración. Las siguientes indicaciones sobre cómo hacerlo pueden ser de ayuda.

ADORACIÓN: alabar a Dios por ser quien es y por lo que ha hecho.

CONFESIÓN: pedir perdón a Dios por cualquier cosa que hayamos hecho mal.

ACCIÓN DE GRACIAS: dar gracias a Dios por sus bendiciones: salud, familia, amistades, etc.

PETICIÓN: pedir por nosotros mismos, nuestros amigos y por los demás.

4. Incorpórate a una iglesia viva

La iglesia es esencialmente una asamblea de cristianos que se reúnen para alabar a Dios, escuchar lo que Dios les está diciendo, animarse los unos a los otros y hacer amistades. ¡Tendría que ser un lugar apasionante al que acudir!

La primera vez que oré una oración parecida a la de la página 22 fue el 16 de febrero de 1974 y me cambió la vida. Ha sido lo mejor y lo más importante que he hecho en toda mi vida. ¡Confío en que también lo será para ti!

LIBROS ALPHA

de Nicky Gumbel

Preguntas de la vida: contiene las 15 sesiones del curso Alpha.

Temas Candentes: trata las objeciones más frecuentes a la fe cristiana en una nueva edición totalmente revisada. Estas objeciones son: ¿por qué permite Dios el sufrimiento?, ¿qué hay acerca de otras religiones?, ¿hay conflicto entre ciencia y cristianismo?, ¿qué hay acerca de la «nueva espiritualidad»?, ¿es la religión más perjudicial que beneficiosa?, ¿es la Trinidad una creencia sin fundamentos bíblicos, imposible de creer e irrelevante?, y ¿es la fe irracional?